1970年代〜80年代の鉄道 第2巻

国鉄列車の記録
【北海道編】

写真・諸河 久　解説・寺本光照

上り特急「ライラック」781系4連　*1986.11.5*　千歳線 植苗〜沼ノ端

室蘭〜沼ノ端〜白石間電化に伴う1980年10月1日改正で登場した781系電車特急「ライラック」は、国鉄最後の1986年11月1日改正で全列車が4両編成化され、高速バスとの競争の激しい札幌〜旭川間輸送に力が注がれる。そのため、函館始発特急が並走する（室蘭〜）東室蘭〜札幌間は1往復減の6往復運転になる。写真の植苗〜沼ノ端間は単線に見えるが、実は上り専用線で、複線の室蘭本線をオーバークロスした列車は、室蘭本線との線路を挟む形で複々線となって沼ノ端に向かう。781系の正面も窓上に積雪時対策のスタビライザーが付き、16 〜 17ページの写真より逞しい顔つきになった。

.....Contents

美幸線上り列車 キハ22形　1981. 4 19　美幸線 仁宇布〜辺渓

根雪がカーペットのように残る冬景色さながらの美幸線を行くキハ22形単行列車。この美幸線と白糠線は北海道のみならず全国でも、乗車人数や営業係数でつねにワーストから五指に入るほどで、写真撮影当時は、赤字ローカル線の代表格としてメディアでもよく取り上げられた路線である。人口の少ない北海道では現在も非採算路線の廃止が続くが、全国的に人口減と高齢化が進む現在、クルマ社会と公共交通機関としての鉄道の共存性を、今一度見直してみる必要性があるのではと、考えさせられる。

函館本線

　函館～旭川間423.1km（1980年10月1日現在の距離、本書では特記する場合を除き距離はこの日付に統一）を結ぶ
函館本線の歴史は古く、南小樽～札幌間は1880年11月28日に官設幌内鉄道により開業する。わが国では京浜間、阪
神間に次ぐ3番目の鉄道だった。これは当時幌内地方の石炭を小樽港に運ぶのが主目的だが、同時に開拓使が置か
れた札幌を中心に鉄道整備を行なうことで、入植者誘致と地域開発を図った。こうして炭鉱鉄道としてスタートし
た函館本線は、私鉄の北海道炭礦鉄道と北海道鉄道、それに北海道官設鉄道の3社で、1905年8月1日に函館～旭川
間が全通。直後の国有化などで1909年10月に函館本線が成立する。当時樺太（現サハリン）が日本の占領下にあった
ため、昭和戦前までの急行は函館～稚内・釧路・網走間で運転された。しかし、北海道では沿線人口との関係もあり、
函館本線区間以外では原則として普通に格下げ運転されていた。戦後も本州連絡の長距離急行は函館本線経由が
メインだったが、気動車による優等列車が入ってからは函館～札幌間は、急勾配区間が多く所要時間を要する小樽
経由の本線よりも、室蘭・千歳線に列車がシフトするようになる。そのため、1980年当時の函館本線は函館～長万
部間が本州と道都・札幌を結ぶ客貨の動脈幹線、長万部～小樽間は山間のローカル線、小樽～旭川間は札幌を中心
とする都市間連絡幹線の3つの顔を有していた。

下り特急「北斗」キハ82系6連　1981.10.18　函館本線 大沼公園～赤井川

　大沼公園を発車した列車は、大沼と小沼の間に架かる迫渡橋梁まで道道43号と並走する。そのため道路側から列車が容易く撮影でき
るので、鉄道ファンではない大沼観光客の中にも列車にカメラを向ける人が多かった。大沼～森間には大沼公園経由のほか、渡島砂原
経由の路線（通称砂原線）があり、優等列車と貨物列車は原則として下りが大沼公園、上りが砂原経由と複線的な使用がなされるが、
特急は上下とも距離の短い大沼公園経由を選択する例が多かった。撮影直前の1981年10月1日改正で、函館口特急にキハ183系が本
格的に進出し、北海道内のキハ82系も引退が近づきつつある。

1979. 6.13 函館本線 大沼公園

大沼観光の拠点駅でもある大沼公園は、上り方の隣駅大沼とは1.0kmしか離れていないことや、1907年の開業以来20年近くも観光客用の仮駅だったことで、急行停車駅（1981年10月から特急も停車）であるにかかわらず、ホームは1面1線に機回しを兼ねた留置線を持つだけといった、珍しい線路配線の駅だった。小ぶりながらも欧風のシックな駅舎は、1928年の建設といわれるが、以後も幾度かの改修が実施されながらも、現在もその姿をとどめている。

下り特急「北斗」 キハ183系9連 *1985. 6. 2* 函館本線 大沼〜大沼公園

大沼駅以北の函館本線は森までは大沼公園経由と砂原経由の2方向に分かれて進む。写真はその分岐点から大沼公園方向に行く札幌行き5D特急「北斗5号」。1985年3月改正で「北斗」の編成短縮政策でも9両編成で残された列車のうちの一つである。大沼の大カーブには長大編成の列車が良く似合う。

上り特急「北斗」キハ183系6連　*1986. 7.22*　函館本線　大沼〜仁山

小沼沿いに走る札幌発函館行き特急2D「北斗2号」。1985年3月改正で登場したキハ183系モノクラス6両の身軽な編成で最後尾には先頭化改造のキハ183形100番代車が連結されている。この区間は複線に見えるが、単線並列の一方通行で「北斗2号」は旧来の仁山経由で函館に向かう。この線路と右手の道道338号は小沼を埋め立てての建設である。

下り特急「北斗」キハ183系6連　*1986. 7.21*　函館本線　七飯〜大沼

上の写真とほぼ同じ地点を行く函館発札幌行き特急3D「北斗3号」を道道338号から俯瞰撮影した作品。沼に近い方の線路は、函館本線七飯〜仁山〜大沼間の勾配を緩和するため、1966年に竣工した上り専用線で、経由する集落の地名から「藤城線」と通称される。この「北斗3号」も青函連絡船が賑わっていた頃には考えられなかったキハ183系モノクラス6両で、先頭車は換気のため開閉可能窓を持つ900番代の試作車である。

下り特急「おおぞら」キハ183系9連　*1980.10. 3*　函館本線 七飯〜大沼

山頂に冠雪が見え始めた駒ケ岳をバックに大沼付近の名撮影地を行く函館発釧路行き特急「おおぞら3号」。当時のキハ183系は試作車12両だけの在籍だったため、所定は10両編成（この日は運用の都合で9両編成）で函館〜釧路間の下り「おおぞら3号」と上り「おおぞら2号」に隔日運転されていた。長距離の気動車特急といえばキハ82系しか見ていない道産子にとっても、正面がスラント形非貫通のキハ183系は斬新で、評判のいい客室設備から早急の量産車登場が望まれていた。

一見しただけでは変哲も
ない気動車列車だが、実
は函館行き急行「せた
な」で、前2両は瀬棚線
の瀬棚、後1両は函館本
線の熱郛を普通列車とし
て発車したキハ21形が国
縫で併結され、函館本線
内は急行列車で終点函
館を目指す。車両の客用
扉横には急行のサボが入
れられているが、もちろん
冷房などは無縁の列車で
ある。写真右手は大沼、
左手の木々の間には小沼
が見える。その後方は2
つの沼の間に架かる迫渡
橋梁がある。列車は2つ
の沼の間にある築堤を走
り大沼公園に到着する。

上り急行「せたな」熱郛・瀬棚発函館行き　キハ21形3連　*1979. 6.13*　函館本線　赤井川〜大沼公園

上り特急「北斗」の食堂車キシ80　キハ82系
1980.10. 3　函館本線　大沼〜仁山

1980年10月1日には、本州〜北海道間鉄道輸送が従前の
青函連絡船を介した函館から、空路の客を千歳空港で列
車に取り込む方式へと一大転換を迎える。しかし、道内の
特急の主役は相変わらずキハ82系で、本州の同系特急の
大部分が食堂営業を廃止するなかにあっても、全列車で営
業を続けていた。これは、厳寒の北海道では食事をできる
限り列車の中で済ませておきたいという文化が育まれたのが
理由とも言われている。写真は札幌発函館行き2D「北斗
2号」のキシ80 36だが、終点が近く、オーダーストップとなっ
ているせいか、利用客の姿は見当たらない。

函館本線函館〜長万部間
は苫小牧・札幌方面へ直
通する優等列車の旅客数こ
そ多いものの、函館市域を
抜ければ都市の存在がない
過疎地のため、写真撮影当
時の普通は郵便・荷物車連
結の客車列車を除けば、短
編成の気動車で運転されて
いた。写真は函館発森行き
627D。古めかしいバス窓の
キハ21も、比較的暖かい道
南地方ではお馴染みの車両
だった。列車は複線区間を
右側通行しているが、これは
七飯〜大沼間で利用客の
見込める渡島大野（現新函
館北斗）に立ち寄るので、下
り列車であっても仁山経由
の旧線を使用しているため
である。

函館本線下り列車　キハ21＋キハ22　*1979. 6.13　函館本線　仁山〜大沼*

函館本線上り貨物列車　DD51　*1981.10.18*　函館本線　大沼〜仁山

函館本線函館〜長万部間は、青函連絡船を介して本州と北海道内各地を結ぶ物流の大動脈でもあるため、多数の貨物列車が運転されている。写真は大沼から複線形態で進んできた七飯までの新旧路線が離反する峠下トンネル付近を行くDD51牽引の上りコンテナ専用列車。この地点は藤城線開通の1966年10月まで蒸気機関車の乗務員を苦しめてきた渡島大野〜大沼間のサミットに当たる。このコンテナ列車は最大20‰の下り勾配が続く渡島大野経由の旧線を行く。一方下り貨物列車は最大10‰の上り勾配に抑えられた左側の藤城線を経由する。

上の写真同様、内浦湾に沿って走る特急「おおぞら」。こちらは釧路発函館行きの上り4号で、先頭車は中間電源車キハ184形改造のキハ183形100番代である。運転台と電源機器室を設けているため、非客室面積が車両の半分近くを占め、しかも乗客がトイレや洗面所を利用するには、電源機器室部分の通路を通って隣りの車両まで行かなければならないという、旅客サービス上で課題の多い車両でもあった。

下り特急「おおぞら」キハ183系9連　*1986. 7.22*　函館本線　石倉〜落部

キハ82系時代は函館〜釧路間で最大3往復運転され、本州からの利用客も多く見られた特急「おおぞら」も、1981年10月1日の石勝線開業後は札幌始発が主体となり、1985年3月改正後は6往復中、函館〜釧路の全区間を通す列車は7〜4号の1往復のみになってしまった。写真は内浦湾に沿って走るキハ183系9連の37D釧路行き「おおぞら7号」。室蘭・千歳線経由で札幌に立ち寄った後、千歳空港まで引き返して石勝線に入るので、この付近から釧路までは8時間以上もかかる長旅である。

上り特急「おおぞら」キハ183系　9連　*1985.6.2*　函館本線　黒岩〜山崎

下り特急「北斗」キハ82系5連　*1986. 7. 21*　函館本線　鷲ノ巣〜山崎（現・八雲〜山崎）

1961年10月改正で北海道初の特急「おおぞら」が函館〜旭川間で運転を開始して以来、連綿と道内で特急の座を守り抜いてきたキハ82系も、後継のキハ183系にその座を譲り、1985年3月改正では5往復が残るだけとなる。写真は函館発札幌行き6007D「北斗7号」で、

函館本線上り貨物列車　ED76 500　*1979. 6. 6*　函館本線　奈井江〜茶志内

国鉄在来線で第3位の長さを誇る延長22.9kmの光珠内〜滝川間の直線区間を行くED76 500番代牽引の石炭列車。石炭産業が斜陽化した当時も、空知地方の赤平・芦別などでは採炭が行われていたため、函館本線では石炭輸送の貨物列車が見られた。北海道の石炭列車は大型ボギー車のセキ3000形とセキ6000形が使用される。側面に巻かれた黄色のラインは最高速度65km/h以下を示す。線路際でカメラを構えていても姿が見えてからシャッターを押すまでには10分以上がかかりそうだ。

下り急行「利尻」　ED76 500　14系寝台+座席客車6連　*1987. 3. 14*　函館本線　札幌

地平時代の札幌駅で発車を待つ稚内行き急行317レ「利尻」。宗谷本線直通の昼行客車急行「宗谷」「天北」は札幌をDD51牽引で発って行くが、夜行の「利尻」は旭川でDD51にバトンを渡すまでED76 500番代の牽引である。3月も中旬とはいえ、線路に雪が残る夜の札幌駅の寒さは厳しい。ホームで談笑するのは学校が休みに入って旅行にやってきた学生たちだろうか。国鉄に残された時間はあと2週間余り。JRへの旅立ちも近い北海道国鉄は、国鉄への未練よりも新発足する会社への希望に満ちていたことだろう。

上り急行「かむい」711系電車6連　*1979. 8.24*　函館本線　豊幌～江別

1979年当時の北海道国鉄線の電化区間は小樽～旭川間だけで、札幌～旭川相互間を結ぶ優等列車は特急「いしかり」、急行「かむ
い」ともそれぞれ7往復が設定されていた。「いしかり」は全列車とも485系または781系電車で運転、「かむい」も未電化区間への直

通車を併結する1往復以外は電車での設定だった。北海道には急行形電車の配置がないため、形式では近郊形に属する711系が「かむい」6往復に使用されたが、戸袋部分以外はすべてクロスシートで、サイリスタ制御と空気バネを装備した車両は静かで乗り心地が良く、居住性は急行形電車以上だった。さらに、雪や冬の寒さにも負けない丈夫な車体を有していたため、485系「いしかり」が次々にダウンした冬場も大車輪の活躍を果たした。正面に太いクリーム色の帯を巻いた赤一色の車体も、北海道の風土に良くマッチした。

上り特急「北海」　キハ82系9連　*1982. 3. 6*　函館本線 小沢

岩内線との乗換え駅・小沢を通過する札幌発函館行き特急12D「北海2号」。1往復時代の「北海」は青函連絡船深夜便に接続するため、ヤマ線区間での上り列車の走行写真撮影は時間的に厳しかった。しかし、1981年10月改正で「北海」が2往復に増発され、キハ82系の「北海1―2号」は札幌での折返し運用とされたため、この小沢駅で日中時間帯にも同系の写真撮影が可能になる。写真撮影当日はあいにくの天候だが、函館本線ヤマ線区間の交通の要所である小沢駅には、本線駅にふさわしい貫禄が漂っている。

下り特急「北海」 キハ82系 9連 *1982. 3. 7* 函館本線 塩谷～小樽

青函連絡船深夜便に接続する函館本線直進の札幌行き特急11D「北海1号」が、長万部から大小5ヶ所に立ちはだかる最後のオタモ
イ峠を行く。ここをトンネルで抜ければ、まもなく小樽に到着する。函館からの所要時間は4時間。終点札幌まではあと30分もかかる。し
かし、軽量化車体を追求した1960年代初頭に製造が開始され、車体がさほど頑丈ではなく、エンジンの出力も小さいキハ82系にとって、
気象や地形など厳しい条件下では、このスピードも十分過ぎるほどだった。車内では「アルプスの牧場」のチャイムとともに、小樽到着と
食堂車営業終了を告げる放送が流れていることだろう。

下り特急「北海」 キハ183系10連 *1982. 3. 6* 函館本線 目名～蘭越

1967年3月の列車新設以来、函館～旭川間1往復運転を貫いてきた「北海」は、1981年10月改正で函館～稚内間急行「宗谷」を格
上げする形で2往復運転となり、運転区間は函館～札幌間に統一される。同時に編成も下り1号・上り2号はキハ82系9両、下り3号・上り
4号はキハ183系10両と充実を見る。写真は目名～蘭越間の20‰勾配を下るキハ183系の札幌行き「北海3号」。美しいイラスト入りヘッ
ドマークが雪に覆われて見えにくいのが残念。

早朝の雪の中、倶知安峠の下り勾配を行く札幌行き特急11D「北海1号」。晴天なら山間風景の中を行くキハ82系の艶姿をおがめるが、この天気では車両の形式を確認することすら難しい。「北海1号」の車中では旅客数が減ったとは言え、青函連絡船・深夜便からの乗り継ぎ客が"寝直し"から覚め、食堂車で朝定食やコーヒーセットなどの朝食をとっていることだろう。

下り特急「北海」 キハ82系9連 1982. 3. 6 函館本線 倶知安～小沢

上り急行「らいでん」 キハ56系3連 1982. 3. 7 函館本線 小沢

道都札幌と後志支庁（現後志総合振興局）の倶知安・岩内方面を結ぶ急行「らいでん」は、1968年10月に3往復体制となり、札幌駅での2両編成中、先頭の1両が倶知安まで急行で、以遠は普通列車として長万部・目名・蘭越へ直通、後尾の2両目は小沢まで急行で、岩内線内は普通列車で走った。普通区間は単行運転のため、キハ22形が使用され、遜色急行の代表格だった。しかし、その「らいでん」も岩内線直通を廃止した1980年10月改正からはキハ56系に置き換えられ、名実ともに急行としてふさわしい姿になる。写真は小沢駅発車後の姿で、同駅のホームも発着する列車で埋められ、活気が感じられた。

函館本線下り列車　キハ46形ほか　*1982. 3. 7*　函館本線 塩谷〜小樽

塩谷〜小樽間のオタモイ峠の20‰上り勾配を行く函館本線普通列車。先頭車は形態と助士席側の下に書かれた番号から苗穂機関区（現苗穂運転所）所属のキハ46 3と特定できるが、2両目はキハ22かキハ40かは雪煙で見えない。列車は23ページ上の特急「北海1号」の後続を担う然別発札幌行き普通531Dだろうか。特急形キハ82系のスピードさえ制限される函館本線ヤマ線区間では、エンジンが1基だけの普通列車用気動車にとって、さらに過酷な仕事場である。

上り急行 「ニセコ」DD51形重連 1982. 3. 7 函館本線 小沢〜倶知安

1970年前後のSLブームの頃にはC62重連が牽引する昼行客車急行で、ファンの間から爆発的な人気を博していた函館〜札幌間急行「ニセコ」は、1971年9月に機関車がDD51に、1981年2月には客車が14系座席車に置き換えられたが、機関車牽引列車のスタイルは継続された。これは、「ニセコ」に本州〜北海道間を直通する連絡船航送の郵便・荷物車を連結するため、昼行だからといって気動車化ができなかったのだ。その「ニセコ」はエアコン完備の特急型客車に置換えられても、ヤマ線区間での速度維持のため、長万部〜小樽間はDD51に替わっても相変わらず重連で牽引された。線路も埋まった倶知安峠の20‰勾配の先頭に立つ重連のDD51は何とも頼もしい存在だった。なお、先頭に立つDD51 745をはじめとする、当時五稜郭機関区配置のDD51形29両中5両(710・716・741・742・745)は、多雪地帯の吹雪対策用としてボンネット端部に補助灯を追設していた。

イトになる場所を探すのにも苦労するような岩内線だが、強いて挙げると写真の堀株川橋梁だろうか。キハ22形の車長は20mなので、40m前後の橋梁には2両編成がぴったり収まる。朱色とクリーム色の旧塗装ならもっといいのに……と思うのは、鉄道ファンの我儘といったところか。

岩内線下り列車　キハ40形　*1982. 3. 6*　岩内線　国富

1978年1月における岩内線の1日平均乗車人員は981人で、この国富駅は58人である。到着したキハ40単行列車は9:57発の岩内行き
927D。乗客は3人だけだが、ローカル線としては幅の広いホームを持つ駅には駅員が配置されていた。ワンマン運転などなかった国鉄

時代は、列車には運転士のほか車掌も必ず乗務していたので、927Dの利用客は同じ数の鉄道員（ポッポ屋）に見守られて安全な列車旅を送っていたわけである。春まだ遠い国富駅ではかき集められた雪が線路脇に壁となっているが、使われなくなった上り線は、まだ線路が残されていた。

終点小沢に向け、緩い勾配区間でラストスパートをかける岩内発小沢行き928D。当時岩内線では下り7本・上り8本の普通列車が設定されており、キハ22とキハ40が1〜3両で運転されていた。ダイヤからは32〜33ページのキハ40単行927Dが終点岩内で待機していたキハ22形2両を連結して、折り返してきたものと思われる。1958年に登場したキハ22形はデッキ付きで優等列車に劣らない設備を誇り、冬場の居住性もいいことで人気があったが、経年で老朽化が目立つようになり、1977年からはキハ40も入線していた。

岩内線上り列車　キハ40＋キハ22＋キハ22　1982. 3. 6　岩内線　国富〜小沢

岩内線上り列車　キハ22＋キハ22＋キハ40　1982. 3. 6　岩内線　国富〜小沢

上の928Dを後部から撮影した写真。列車はまもなく函館本線に合流し、小沢駅に到着する。この列車の先頭車に立つキハ40形はキハ22形より1.3m長い車長を持つが、国鉄の労使関係が複雑な時期に製造された車両であるが故に非客室面積が大きく、それがキハ22の71人に対し、キハ40は68人の座席定員にも反映していた。さらにキハ40ではロングシート部分も多いことで、クロスシートの定員となるとキハ22より16人も少ない48人だった。しかし、それでも利用客からは不満が聞かれなかったのは、キハ40は空気バネ台車を使用し乗り心地が良いことと、北海道を取り巻く鉄道はモータリゼーションの影響や沿線の過疎化で利用客が減っており、着席が容易いのも理由だったようだ。

岩内線下り列車　キハ22+キハ22+キハ40　*1982. 3. 6*　岩内線　国富

国富駅に進入してきた小沢発岩内行き929Dを実物とバックミラーに映った姿を収めた写真。国鉄時代には一部の例外を除いては、ローカル線と言えどワンマン運転が実施されていなかったので、これはカーブ区間上にホームのある国富駅で、車掌が乗降客の安全を確認するために設けられたものである。このバックミラーの画像で、929Dの編成は先頭からキハ22+キハ22+キハ40であることと、途中に交換駅のない岩内線では、計3両の気動車が岩内駅で組成変更を行なうことで、列車の編成を時間帯によって1〜3両に調整されていることが分かる。

岩内線下り列車　キハ22+キハ22　*1981. 6. 2*　函館本線　小沢

　岩内発6:49の小沢行き普通924Dは岩内線の通勤・通学列車で、7:13に小沢駅1番線に到着。岩内線924Dの利用客の大半は、小沢で7:20発の函館行き普通130レに乗換え、倶知安町内の高校に向かうため、この時間帯の小沢駅2・3番ホームは列車を待つ高校生で賑わう。小沢駅は隣駅の倶知安同様、函館本線の要所で広い構内を持つが駅周辺の人口は少なく、もっぱら岩内線の乗換え駅として機能している。そのため、DD51牽引の130レが発車した後は静寂そのもので、この季節でもウグイスが鳴く声も聞かれる。

午前8:40は都会の駅では、朝のラッシュもやっとピークを
過ぎる頃だが、岩内駅ではおもに高校生の利用がある
6:49と7:51の列車が賑わいを見せるだけで、この時間
は閑散としている。これは、岩内だけでなくローカル線
の駅に共通することである。青いトタン屋根上の煙突
が、いかにも北海道らしい岩内駅だが、ホームは必要
最小限の1面1線ながら、1962年までは茅沼炭鉱の専
用鉄道が発着していた関係で広い構内を持ち、線路
はかなり剥がされているものの、機回し線や留置線も残
されていた。また、函館本線ヤマ線区間の急勾配を
避けるため、岩内から雷電海岸に沿って湯別に至り、
そのまま寿都鉄道のルートで黒松内に達する新線も、
鉄道公団の工事線に指定されていた。その起点区間
になる岩内線は、1980年11月の国鉄再建法の成立で
揺れ動き、撮影1週間後の6月10日に特定地方交通線
第一次廃止対象線区に指定されてしまった。

1981. 6. 2　岩内線　岩内

松前線

　江差線木古内で分岐してわが国最北の城下町・松前を結ぶ延長50.8kmの松前線は、福山線の名で1937年10月に渡島知内まで開業。以後、幾度かに亘って部分開業を繰り返し、松前までの全通を迎えるのは、戦後の1953年11月8日で、同時に線名が松前線に改称された。青函海底トンネルの構想は、その直前に鉄道敷設法予定線に追加されており、1964年5月から沿線で吉岡斜坑の掘削が開始される。当時は在来線での建設予定であったため、青函トンネル完成後の松前線の大部分は、本州側の津軽線や、江差線五稜郭〜木古内間とともに、本州〜北海道間動脈幹線に編入されることが決定的で、将来の発展が期待された。しかし、1971年4月の本工事着手に際しては、青函トンネルとその前後は新幹線規格の鉄道とされ、木古内には駅が設けられるものの、松前線は別扱いの路線となってしまった。当時の松前線には、函館〜松前間急行「松前」1往復が運転されているものの、ローカル線規格のため2時間以上を要していた。そして、木古内〜松前間だけでは利用客数が少ないこともあって、松前線は国鉄再建法により、1982年11月に特定地方交通線第二次廃止線区に指定される。青函トンネルを含む中小国〜木古内間の海峡線は、1988年3月13日に当面は狭軌のまま"スーパー特急"方式で開業し、江差線を含む函館〜木古内間は、特急列車や貨物列車が通過するため線路強化のうえ電化されるが、松前線はその直前の2月1日に廃止されてしまった。青函トンネル建設に振り回された悲運の路線だった。

松前線上り列車　キハ24＋キハ22　*1988. 1.19*　松前線　松前

廃止が近づいた松前駅で発車を待つ函館行き普通列車。松前線では唯一の急行だった「松前」は1980年10月改正で廃止され、当時は普通のみ下り7本・上り8本の運転だった。しかし、下り初発・上り最終の1往復を除いては、松前町と結び付きの深い函館へ直通運転されていた。終点松前は、北海道ローカル線の行き止まり駅では標準とされる1面1線の形態だが、かつて機回し線として使用されていた留置線を持つため、出発信号機が設置されている。自動式でないのは、廃線が迫っているため、無駄な投資は避けたいといったところか。

瀬棚線下り列車　キハ22＋キハ40　*1986. 7.22*　瀬棚線　神丘

瀬棚線に所属する駅はかつて急行「せたな」が停車した今金・丹羽・北檜山・瀬棚を含む10ヵ所中、無人駅は写真の神丘と茶屋川・美利河・北住吉の4駅だけだった。そのうち写真の神丘駅は最も新しい駅で、1961年4月の開業である。奥行きがさほどない土盛りのホームに長万部発瀬棚行きの921Dが到着。2人の女生徒は、この列車で北檜山町か瀬棚町の高校に通っているのだろう。

瀬棚線下り列車　キハ22＋キハ40　*1986. 7.22*　瀬棚線　今金〜神丘

瀬棚平野の水田地帯をのんびり走る2両編成の下り列車。廃線を半年後に控えた瀬棚線では、国縫〜今金間に下り7本・上り6本、今金〜瀬棚間に下り8本・上り9本の普通列車が設定されていた。これは「せたな」が線内も急行で運転されていた1968年10月とさほど変わらなかった。一般に行き止まり形態の路線で区間により列車本数が異なる場合は、起点側の本数が多いが、瀬棚線のように終点側

の方が多いのは特異な例だった。これは瀬棚線の沿線人口が瀬棚平野の今金～瀬棚間に集中しており、利用客の多くを占める高校生
が、今金～瀬棚相互間で利用するのが理由だと思われる。それからすれば、瀬棚線の廃線問題も慎重に扱うべきだったと思われるが、
区間別の利用者数は無視し、路線全体の数字で存廃を決定するのが、国鉄再建法のルールだった。かくして瀬棚線も歴史上の鉄道線
となっていく。

室蘭本線

　長万部〜岩見沢間209.3kmとその支線形態の東室蘭〜室蘭間8.1kmの室蘭本線は、1897年7月1日に北海道炭礦鉄道により室蘭〜岩見沢間が全通。鉄道会社の名が示す通り、幌内山地や夕張山地の炭鉱から産出される石炭を室蘭港に輸送する典型的な運炭路線で、国有化後の1909年10月に室蘭本線となる。長万部〜東室蘭間は室蘭本線支線の長輪線の名で、20年近く時代を下った1928年9月10日に全通する。これにより、樺太連絡の函館〜稚内間急行の長万部〜岩見沢間は、長輪・室蘭線経由に変更される。同区間は小樽・札幌経由よりもわずかながら距離が短く、しかも平坦線とあってスピード運転に向いているのが理由だった。こうして長輪線は幹線的機能を有したことで、1931年4月に室蘭本線に編入・格上げされ、現在の形が出来上がる。だが、道都・札幌に立ち寄らないのは何かと不便で、せっかくの稚内急行は1937年6月に函館本線経由に戻されてしまった。その長万部口の室蘭本線が再び注目されるようになるのは、終戦直後に横浜〜札幌間で運転を開始した「駐留軍専用列車」が、長万部〜札幌間を室蘭・千歳線経由で運転を開始したことによる。これは日本を間接統治した連合国軍が室蘭港と千歳飛行場を使用していた関係によるものだが、これで函館〜札幌間のサブルートが出来上がり、気動車特急「おおぞら」が運転を開始した1961年10月からはメインルートの座を確立する。その一方、沼ノ端〜岩見沢間は石炭産業の衰退とともに、閑散ローカル線に凋落してしまった。

上り特急「北斗」キハ183系9連　1985. 6. 3　室蘭本線 豊浦〜大岸

　長万部で函館本線から分岐し室蘭本線に入った列車は、相変わらず内浦湾に沿って走るものの、静狩から洞爺にかけては山が海に迫る変化に富んだ区間を行く。この両ページは写真の配置からキハ82系特集のように思われるが、写真の函館行き特急6D「北斗6号」の先頭車はキハ184形を先頭車化したキハ183形100番代。右ページ上「おおとり」の先頭車のキハ82とは顔が似ているが、キハ183形100番代の窓は平面ガラスで、正面上部の前照灯も屋根上に置いたため、広いおでこが目立つスタイルになっている。キハ183-100の顔が今一つ優美でないのは、国鉄財政が逼迫状態の時期に改造を受けたのが理由だろうか。

下り特急「おおとり」キハ82系10連　1986.7.21　室蘭本線 静狩〜礼文（現・小幌〜礼文）

1964年10月改正で函館〜網走・釧路間に登場した北海道の第2特急「おおとり」は、1970年10月に運転区間を函館〜網走間に一本化。1980年10月改正後は北見までの増結車を連結し、函館口ではキハ82系10両の堂々たる編成になる。写真は静狩〜礼文間の大築堤を行く3027D網走行き「おおとり」。1985年3月改正でキハ82系特急運用本数が大幅に減らされたが、この「おおとり」と札幌〜網走間の「オホーツク5─2号」には食堂車が連結されており、いくら定食など北海道ならではの料理を賞味することができた。

下り特急「おおぞら」キハ82系10連　1979.6.12　室蘭本線 大岸〜豊浦

内浦湾と台地状の山地に挟まれた狭い平地区間を行く函館発釧路行き5D特急「おおぞら5号」を俯瞰撮影した写真。キハ82系のグリーン車・食堂車連結の基本7両に付属3両を連結した10両は、当時の函館口特急の標準編成でさえあり、この「おおぞら5号」は10両全編成が釧路まで直通した。内浦湾は円形のため、晴天の日には対岸に函館本線沿線の駒ヶ岳などが眺められる。

上り特急「おおぞら」キハ183系9連　*1986. 7.21*　室蘭本線 大岸〜礼文

室蘭本線礼文〜大岸間はカーブした海岸ギリギリに線路が敷かれ、海には大小数多くの奇岩が突出しているため、SLブームの頃には撮影に訪れるファンが少なくなかった。しかし、幹線でこうした"絶景区間"は輸送上のネックとなり、1975年10月には礼文浜トンネルの建設を

含む複線の新線に切り替えられた。写真は大岸付近の新線区間を行くキハ183形100番代を先頭とする釧路発函館行き34D特急「おおぞら4号」。1981年10月の石勝線開業後、函館始終着の「おおぞら」は1往復だけが残るが、千歳空港〜札幌間を往復する運転のため、実質的に函館〜札幌間は「北斗」の一員だった。そのせいか、釧路発車時の列車番号5034Dは札幌で34Dに変更して運転されていた。

下り特急「おおぞら」キハ183系 9連　*1985. 6. 3*　室蘭本線大岸〜豊浦

下り特急「北斗」キハ183系6連　*1985. 6. 3*　室蘭本線　豊浦〜洞爺

山肌が内浦湾に注ぎ、トンネルが連続する豊浦〜洞爺間を行く函館発札幌行き3D特急「北斗3号」。この列車は1973年10月改正で設定された頃から青函連絡船との接続がなく、函館〜札幌間での都市間連絡を主目的とする特急だったため、1985年3月改正では、キハ183系6両モノクラス編成での運転となる。それまで、183系といえば長大編成ばかりを見てきた者には、物足りなさが感じられたが、交通機関が多様化する道内の利用実態に即した措置といえた。この区間は複線化に際し、上下線が離れている場所が多いため、トンネルの大半は単線形である。

34D「おおぞら4号」とは夫婦列車の関係になる37D函館発釧路行き特急「おおぞら7号」。律儀にも札幌に立ち寄るため、全区間を走破するのに9時間11分を要したが、それでも滝川経由時よりは1時間以上短縮した。このカーブだと前後をスラントノーズのキハ183形0番代で固めた9両編成のキハ183系の組成内容がよく分かる。前から5両目は簡単な調理設備付き車販準備室のあるキロ182形、6両目は電源機器室付きの中間車キハ184形で、定員はキロ182が32名、キハ184は52名で、キロ80形の48名やキハ182形の68名に比べると少ない。キハ183系はキハ184形の存在で分かるように、10両前後の編成での運転を考慮して製造されたが、国鉄末期の逼迫財政による短編成化で、キハ184形のうち4両がキハ183形100番代に改造されてしまった。

室蘭本線上り普通列車　キハ17＋キハ16　*1979. 6.12*　室蘭本線　礼文〜静狩（現・礼文〜小幌）

車両と景色を見ただけでは、北海道内と思えないキハ17＋キハ16の室蘭発長万部行き普通532D。キハ17系のうち当初から北海道仕様で製造された形式はキハ12だけだが、北海道内でも暖地の室蘭本線の気動車を受け持つ室蘭機関区には、1974年3月当時キハ17形7両とキハ16形2両が配置され、長万部〜室蘭間で使用されていた。キハ17系の運転台仕切りは重量軽減のため簡易的な造りだが、北海道で使用されるこれらの車両は密閉式に改造されていた。

上り特急「ライラック」 781系 6連 *1980.10.11* 室蘭本線 社台～白老

電化が完成したばかりの社台ファームを行く室蘭行き電車特急「ライラック」。溶岩ドームを持つ独特な形状の樽前山も、抜けるような青空とともに、室蘭電化を祝福しているようだ。かつてはC57やキハ82系特急の撮影地として名を馳せていたこの区間にも781系や711系電車など、新たな被写体が加わった。室蘭本線はこの付近から沼ノ端駅まで28.7kmに及ぶ国鉄在来線第1位の直線区間が延々と続く。

函館本線小樽～滝川間電化の1968年10月改正では、先行投入されていたED75形500番代に続きED76形500番代が同区間の客貨牽引用に投入されたが、室蘭・千歳線電化に際しては、機関車牽引列車はDD51を引き続き使用することになり、電気機関車の出番はなかった。写真は青函トンネル開業に伴い隅田川～札幌貨物ターミナル間を直通する高速貨物列車「北海ライナー」。最高速度100km/h運転が可能なコキ10000形コンテナ車による編成で、最後尾には北海道地図のイラストと列車名を記したテールサインを付けている。北海道内の五稜郭～札幌間はDD51重連での牽引だが、性能との関係で最高速度は95km/hである。社台ファームも「早春賦」の歌が聞こえてくるような季節になり、サラブレッドが放牧中。

上り特急「ライラック」 781系 6連 *1980.10. 2* 室蘭本線 苫小牧～糸井（現・青葉～糸井）

室蘭本線室蘭～沼ノ端間は、千歳線白石～沼ノ端間と合わせ1980年10月1日に電化が完成。同日のダイヤ改正では、781系電車特急「ライラック」が室蘭～札幌間に旭川直通を含め7往復設定される。スタイル的には全国で活躍する485系非貫通車の流れを汲んでいるが、雪中の警戒色も兼ねた前面の赤帯は新鮮で、沿線利用客にインパクトを与えた。写真は在来線日本1位の直線区間上にある苫小牧～糸井間を快走する上り室蘭行きの「ライラック」。

している赤字ローカル線を1両で走る姿は、何とも言えない哀愁を感じさせるが、電化幹線を6両編成ともなると、客用扉が車端部にあるせいか、急行の種別で運転されていても別段違和感を覚えないのだから不思議なものである。6両編成中4両目が首都圏色ともタラコ色、または柿色とも呼ばれる朱色5号の新色で、残る車両のクリーム色と朱色4号のツートンカラーもやがて朱色5号の単色に塗り替えられる。

上り特急「おおぞら」キハ183系10連　1981.10.15　千歳線　植苗～沼ノ端

57ページ同様、千歳線下り線(苫小牧方面行き)が室蘭本線をオーバークロスする築堤を行く釧路発函館行き特急2D「おおぞら2号」。
形態的には単線で内側にカーブしている上に、電化用ポールが列車後方となるこの区間では、列車写真が綺麗に撮れるため、長大編
成でも車両の形式が特定できる。この「おおぞら」に使用されるキハ183系は、1979年9月に先行登場した900番代の試作車と、撮影直

前の1981年10月1日に開業した石勝線特急用に製造された増備車(量産車)との混成編成。先頭から1・5・6・8両目はスイング式開口窓のある試作車。5両目のキロ183—901の客用扉は車両端部にある。一方、それ以外の6両は量産車。各車両とも客室部分の側窓は固定窓で、4両目のキハ184も電源機器室のルーパー部分が見えないため外観がすっきりしている。キハ183系でも試作車と量産車の違いが判る楽しい編成といえる。

上り特急「ライラック」 781系6連　*1980.10. 1*　千歳線　美々～植苗（現南千歳～植苗）

千歳線内を行く運転開始初日の札幌発室蘭行き1002M特急「ライラック2号」。上りの初列車でもある。正面の面積がクハ481よりも小さ

km間には旅客駅が設置されていない。しかし、それでは列車設定に支障をきたすため、旅客駅間にはトマム（現ホロカ）・滝ノ沢・東占冠の3信号場が設けられている。したがってこの写真の撮影場所は、正確にはトマム（信）〜滝ノ沢（信）間である。石勝線千歳空港〜新得間には開業に際し9ヶ所の旅客駅が設けられたが、信号場はそれよりも多く15ヵ所が存在する。全国でもこうした路線は見当たらず、石勝線沿線がいかに過疎地帯であるかを物語っている。

いかにも高原らしい雰囲気の中を行くキハ56系の臨時急行。石勝線では開業の1981年10月1日から昼行の気動車急行「まりも1—2号」が札幌〜帯広間で運転されていたが、1985年3月14日改正で同区間の特急「おおぞら13—2号」に格上げの形で廃止されてしまった。その後も多客期には「まりも81—82号」の列車名で札幌〜帯広／釧路間で運転されていたが、『時刻表』1986年11月号は"国鉄最後のダイヤ改正号"で、原稿の締め切りが早かったせいか、臨時急行の時刻記載がないのは残念である。北海道のキハ56系定期急行は大半が1985年3月改正で運用を離脱し、グリーン車キロ26は用途を失ったので、臨時急行はモノクラスの3 〜 4両編成で運転されていた。

上り臨時急行　　キハ56系4連　　1986.11.3　　石勝線　　石勝高原（現トマム）〜占冠

下り特急「おおぞら」キハ183系10連　*1981.10.16*　石勝線　千歳空港（現南千歳）〜追分

　千歳空港を発車後石勝線を快走し、西早来信号場通過後に複線の室蘭本線を斜めにオーバークロスしたのち、写真のように緩い勾配を下って室蘭本線に合流する函館発釧路行き特急5003D「おおぞら3号」。長大編成の良く似合うキハ183系での運転だ。列車はこのあと上り貨物列車の姿が見える室蘭本線と三線形態になる線路の進行方向右側を走り、追分駅に到着する。この千歳空港〜追分間17.6kmは平野部の牧草地と丘陵からなるが、集落から離れた場所に線路が敷設されているため、信号場が2ヵ所設けられているだけで、旅客駅の設置はない。石勝線開業当時の特急「おおぞら」は、函館／札幌〜釧路間に3往復設定されており、うち札幌〜釧路間の下り1号、上り6号にはキハ82系が活躍していた。

石勝線上り貨物列車　DD51形　*1981.10.16*　石勝線　石勝高原（現トマム）～占冠

1986年10月1日の石勝線開業で、札幌～帯広間の距離は滝川経由の266.6kmから220.2kmへと短縮され、同区間の特急「おおぞら」のうち下り最速列車は、従前より1時間近く短縮し3時間04分で結んだ。利用客からは到達時分が大幅に短縮されるうえに、運賃も安くなるのだから福音だった。これは貨物列車に対しても同様で、隅田川～釧路間直通（青森～函館間は連絡船で航送）の高速・直行列車下り1本・上り2本を含む計6往復が石勝線経由で設定された。写真は後方にスノーシェルターが見えるトマム（現ホロカ信号場）付近を行くDD51牽引の一般貨物列車。

1986年10月1日改正当時の貨物列車は、まだヤード系列車が幅を利かせている時代だったので、石勝線では開業に際し五稜郭／札幌貨物ターミナル～釧路間に下り4本・上り3本の一般貨物列車が設定された。しかし、石勝線内での貨物取扱駅は追分と新得だけなので、貨車入換などによる時間的ロスは少なかったようだ。写真は石勝高原駅西方の安全側線を見ながら通過する下り貨物列車で、勾配の様子がよく分かる、DD51が牽く有蓋・無蓋などの貨車からなる雑然とした編成や、使用されているとは思えないような長い側線の様子からは、新線というよりはローカル線の貨物列車といった感じだ。

万字線のハイライトともいえる万字～美流渡間の幌向川渓谷を行く万字炭山発岩見沢行き934D。朝の通学輸送を終えた車両は岩見沢で2両が切り離され、昼間の列車は2両で運転される。当時の万字線の列車本数は5往復で、すべて岩見沢～万字炭山間での運転だった。貨物輸送廃止後の万字線は起点の志文を除く5駅はすべて棒線の線路配置になっていた。

万字線上り列車　キハ40形ほか　*1981. 6. 3*　万字線 万字

万字線の中心駅というべき万字には、D51やC58、C11などの蒸気機関車が活躍していた1970年代前半までは、駅構内には機回し線や
側線があり、機関車用の給水塔や転車台（ターンテーブル）の設備も設けられていた。貨物列車廃止後はそうした設備が不要となった

ため、その後の万字駅は写真のような棒線構造の駅となる。左手の木々が見えるあたりまで並んでいた側線部分は夏草で覆われているが、給水塔はそのままだ。転車台も使われなくなった側線とともに姿をとどめているのだが、夏草の背が高く、残念ながら写真では確認できない。まさに、夏草や兵どもが夢のあとの光景で、駅に停車中の岩見沢行932Dだけが鉄道の存在を維持している感じだ。

万字線上り列車　キハ56+キハ40　*1981. 6. 3*　万字線 朝日〜上志文

万字線は起点の志文から幌向川に沿いながら、万字炭山まで緩やかな勾配を登っていくので、まさに運炭鉄道として理想的な線形といえる。撮影地点は岩見沢行き934Dが山地から平野に降りてきた場所なので、付近には水田も見られる。そうした中、キハ56+キハ40の列車は、数少ない地元客を乗せ軽やかに進む。朝日駅はかつて駅近くに炭鉱があり、上志文にはスキー場が存在するなど、万字線の駅は個性豊かである。

1981. 6. 3　万字線　万字炭山

万字線下り列車　キハ40＋キハ56＋キハ40＋キハ40　*1981. 6. 3*　万字線 美流渡～万字

白い花が盛りのリンゴ園を見ながら勾配区間を行く岩見沢発万字炭山行き931D。志文発は通学とは無関係の9:38なので、4両編成の列車は、どの車両も閑散としている。朝の7:19に岩見沢に着いた"通学列車"930Dがそのままの編成で9:26発の931Dとして折り返すため、万字炭山発10:20の932Dまでが4両での運転となるのだが、何とも勿体ない車両運用である。万字線下り列車の乗客の大半は駅周辺に集落のある美流渡と万字で下車するため、終点の万字炭山まで通す地元以外の旅客は、国鉄線の乗り潰しなどを目的とする鉄道ファンが大半を占めていた。

万字炭山駅ホーム上の駅名標。運炭路線が集中している幌内・夕張山地の私鉄には美唄炭山や大夕張炭山のように、「炭山」が付く駅名があるが、国鉄駅では万字炭山だけである。写真は同駅ホーム上に設置されていた駅名標。1960年代に設置されたと思われるが、積雪量の多い地域でもあるので汚れは致し方ないところか。ホーム後方には線路が剥がされて枕木だけが残る線路跡が見える。撮影当時の万字炭山駅は1面1線の駅だが構内が広く、近代的なスレート作りの駅舎まではホームを降りてからも通路を30mほど歩かなければならなかった。しかし、無人駅なのと駅前には道路があるため、改札口を通って駅ホームへ行く地元客は皆無だったようだ。

根室本線

　　北海道内の重要幹線の1つである札幌〜釧路間の鉄道は、鉄道国有化さなかの1907年9月に狩勝トンネルを含む落合〜帯広間開業により全通。当時の起点は旭川で、1909年10月の線路名称付与により、旭川〜下富良野（現富良野）〜釧路間が釧路線とされた。その4年後の1913年11月に滝川〜下富良野間が開通し、札幌〜下富良野間は従前より50km以上短絡されたのを機に、滝川〜下富良野〜釧路間を釧路本線と改称される。釧路以東の工事は、それ以後に着工され、1921年8月5日に竣工。これにより、北海道の路線では最長の延長を持つ滝川〜根室間446.8kmの根室本線が出来上がった。根室本線は線路規格では全線が丙線だが、釧路までは開業当時から幹線的使命を持ち、函館から寝台車付きの列車が運転されていた。戦後は、旭川に先を越されたが1962年10月に特急「おおぞら」編成の一部が函館〜釧路間を直通する。そして、1966年10月には、雄大な車窓風景とは裏腹に急勾配と急カーブが連続し、輸送上のネックとなっていた落合〜新得間の狩勝峠区間が、当時道内最長の新狩勝トンネルを通る新ルートに変更される。これにより、特急の滝川〜帯広間は約15分短縮されるとともに、富良野〜新得間で無煙化が完成するなど、狩勝越えは快適になった。その後、1981年10月に、道央〜道東間を短絡する千歳空港〜新得間の石勝線が開業。以後の根室本線は新得〜釧路間が幹線的機能を果たしているものの、滝川〜落合間と釧路〜根室間は運賃的には幹線だが、実態は閑散ローカル線そのものである。

上り特急「おおぞら」　キハ183系7連　1985.6.6　根室本線　芽室〜御影

十勝平野の畑作地帯を行くキハ183系7両編成の札幌行き特急「おおぞら」。特急「おおぞら」の増発で、1985年3月改正から2往復の芽室停車が実現し、札幌へは3時間前後で到着できるようになる。この付近はビート、あずき、小麦、とうもろこしなどの生産量が多く、収穫期には穀物や野菜を満載した貨物列車が運転された。

上り特急「おおぞら」 キハ183系7連 *1986.11.3* 根室本線 新得〜石勝高原（現トマム）

国鉄としては最後の1986年11月1日改正で、特急「おおぞら」はすべて上り方が札幌始終着の7往復運転となり、うち6往復が釧路に直通。車両もキハ183系に統一され、6・7・8両のバラエティに富んだものになる。写真は7両編成の上り札幌行き。スラントノーズのマスクは正面からは、塗装やヘッドマークの位置、それに合計4個の前照灯とうまくバランスが取れており、力強さを感じさせる。写真は西新得信号場〜広内信号場間での撮影。この区間にはΩ型に近いU字型カーブが存在し、「おおぞら」はこのあと、そのカーブ区間を通って画面上の線路を走る。

上り特急「おおぞら」 キハ183系500番代8連 *1986.11.3* 根室本線 新得～石勝高原（現トマム）

北海道東部では、そろそろ初雪の知らせも聞かれる狩勝峠区間を行くキハ183系500番代8両編成の上り特急「おおぞら」。先頭車キハ183形500番代の洗練されたスタイルには、新塗装が良く似合う。2日前から運転を開始したピカピカの新車揃いだが、2両目の中間電

源車キハ184形だけは在来車を流用。そのため、足回りは経年の分だけ汚れているのが目に付く。キハ183系も8両以内の編成ではキハ184形は不要なので、183系500番代では発電装置なしの先頭車キハ183形500番代を新車としてラインナップに入れるなど、扱いに困っていたのだろう。

上り特急「おおぞら」 キハ183系9連 *1985. 6. 6* 根室本線 新得〜石勝高原（現トマム）

西新得信号場〜広内信号場間の大カーブへ行くキハ183系特急「おおぞら」。いかにも北海道らしい雄大な風景には長大編成の列車が良く似合う。特急「おおぞら」は1985年3月改正で、本数は従前の4往復から6往復に増発されるが、短編成化でキハ183系の編成

は最大9両となり、それも2往復に削減されていた。この列車の最後尾は中間電源車キハ184形を先頭車改造したキハ183形100番代である。なお、新得から狩勝トンネルまでは距離が長く、そのうえ根室本線落合方面への列車も入るため、列車交換設備を持つ西新得・広内・新狩勝の3信号場が設けられている。

根室本線上り列車　キハ56+キハ27　*1986.11.3*　根室本線　新得～落合

背後に日高山脈が望める広大な牧草地の築堤を行く、キハ56系2両編成の根室本線富良野方面行き普通列車。この区間も1966年10月の線路付替え後の狩勝峠区間では、好撮影地として人気があったが、JR化後の1994年2月22日に、この付近で起きた強風による脱線事故を機に防風柵が設置されたため、現在では列車写真の撮影は困難である。

下り特急「おおぞら」 キハ82系6連 *1985.6.6* 根室本線 石勝高原（現トマム）～新得

1982年9月の3往復キハ183系化で「おおぞら」の運用を終了したキハ82系だが、1985年3月改正での6往復への増発に際し、1往復（33D下り3号・38D上り8号）で復活する。運転区間は札幌～帯広間、編成もグリーン車1両を含む6両と、往時を知るファンには物足りなかったが、狩勝峠で再び雄姿にお目にかかることができた。この「おおぞら3—8号」は、函館札幌間の11D・14D「北海1—4号」と共通運用のため、函館運転所を拠点に1日で函館～帯広間を1往復した。走行距離は1013.0kmに及び、引退が間近いキハ82系にとっては、何ともタイトな走りだった。写真は新狩勝信号場のスノーシェルターを通過し、高原区間を新得に向かう帯広行きの33D「おおぞら3号」。

上り急行「まりも」　DD51形　14系寝台車+座席車6連　*1987.7. 3*　根室本線　音別～白糠

かつては函館～釧路間運転だった北海道の老舗急行「まりも」は、1965年10月に札幌～釧路間夜行急行となるものの、1968年10月改正で列車名を同区間の総称愛称「狩勝」に変更。1981年10月の石勝線開業で、再び「まりも」を名乗るという複雑なあゆみをたどる。1983年6月からは14系の寝台・座席車による編成にグレードアップされるが、同様に石勝線経由に変更された特急「おおぞら」のスピードアップによる利用客の昼行移行で、1986年11月改正では寝台4両・座席3両の編成となっていた。写真は終点釧路に近い音別～白糠間を行く急行411レ「まりも」。国鉄が民営化され、本格的な観光シーズンを迎えようとする頃なのに、寝台車が1両減車されているのは気掛かりである。

上り特急「おおぞら」　キハ183系9連　*1985. 6. 6*　根室本線　白糠～音別

上り貨物列車　DD51形　*1987.3.14*　根室本線　富良野

石勝線が開業後も根室本線には貨物列車が運転されていた。写真は富良野駅を発車するDD51牽引の帯広発札幌貨物ターミナル行きのコンテナ貨物列車。隣の根室本線2番線では、臨時特急「フラノエクスプレス」札幌行きが発車を待っている。写真撮影から2週間後の1987年4月1日の民営化で、根室本線富良野～東鹿越間での貨物営業が廃止された。

根室本線音別付近の海岸区間を行く釧路発函館行き5034D特急「おおぞら4号」。この付近の海岸は温かい南からの風が沖合で千島海流の寒流と接するため、夏には霧がよく発生する。特急「おおぞら」はキハ183系の編成両数こそ確認できるが、バックになる海は残念ながら水平線まで見えない。

富良野線

　1896年5月に公布された北海道鉄道敷設法で、拓殖並びに兵備上とくに急を要する鉄道として「釧路から帯広を経て旭川に至る線」が掲げられたことで、旭川～下富良野（現富良野）間は、北海道官設鉄道十勝線としていち早く1900年8月1日に全通。1907年9月に落合～帯広間開業により、初期の目的だった旭川～釧路間の鉄道が完成し、1909年10月に、旭川～下富良野（現富良野）～釧路間が釧路線となる。そして、1911年には、函館～釧路間の直通急行（旭川～釧路間は普通扱い）が運転されたが、1913年11月に滝川～下富良野間が開通したことで、旭川～下富良野間は支線に格下げされ、富良野線に改称される。このため、富良野線区間が"本線"だった時期は13年に過ぎなかった。戦後は、気動車化の進展で、旭川と帯広・釧路の主要都市間を結ぶ鉄道の機能が再認識され、1962年5月に札幌・旭川～釧路間に急行「第1―第2狩勝」が登場。旭川編成は富良野線内では、美瑛と上富良野に停車した。この列車はのちに富良野線内が快速に格下げされ、1980年10月改正で一旦廃止されたのち、1982年11月には再び復活（ただし、富良野線内は快速扱い）する。そして、1986年11月からは、滝川・旭川～帯広間快速「十勝」になるなど複雑な変遷をたどり、JR化後も運転が続けられた。元来は根室本線の一部である富良野線沿線では、帯広・釧路への直通列車を確保したかったのだろう。なお、富良野線は正式には富良野が起点だが、本稿では列車番号を基準に旭川発美瑛・富良野方面行きを下りとして表記する。

富良野線下り普通列車　キハ22＋キハ40　*1987. 3.14*　富良野線　美馬牛～上富良野

撮影当時の富良野線では、旭川～美瑛間に19往復、美瑛～富良野間に10往復の普通列車（快速「十勝」を含む）が設定されている。北海道の主要区間では線路の付け替えにより、池北線や名寄本線、天北線など、かつての本線区間が廃止に追われる例があるのに、富良野線は旭川近郊の路線として健在なのは幸いである。この付近は、季節ごとに畑が色を変えるパッチワークの丘が見られるが、積雪の多いこの時期ではこうした風景は望むべくもなかった。写真は下り勾配を軽やかに走る旭川発富良野行き普通列車。

白糠線上り列車　キハ40形　*1981 6.6*　白糠線　下北進～上茶路

　白糠線のうち1972年9月になって開業した区間を行く上り白糠方面行き列車。白糠線沿線は丘陵地帯を走るため、線路は写真のように起伏が激しい地形の中を走る。また、気候が年間を通じて寒冷であるため、撮影当日は6月とはいえ、タンポポや木々の新緑からは東京近郊ではゴールデンウイーク前といった感じで、道東では春や夏の訪れが遅いことがよく分かる。

　北進駅プラットホームに停車する7:26発の白糠行き532D。写真撮影当時の北進駅を発車する列車は、この532Dのほかには、15:00発の534Dと18:56発の536Dが設定されているだけである。そのため、この列車は付近の生徒たちにとっては通学の足となるが、時間的に釧路市内の高校には通うことができないのが厳しいところだ。それでも北進駅発車時には10名ほどの利用客が見られた。ちなみに北進駅の住所は白糠町となっており、その右の白地には最後まで、隣駅の文字が書き入れられることがなかった。白糠線は最後まで白糠線だったのだ。

白糠線上り列車　キハ40形　*1981 6.5*　白糠線　北進

白糠線上り列車　キハ40形　*1981 6. 6*　白糠線　北進〜下北進

新緑の草木に囲まれた中の線路に朱色のキハ40の姿が見える、何ともファンタジックな白糠線延伸区間。廃止直前の白糠線の沿線人口は約900人で、都会では考えられないような少なさだった。とはいえ、1日3往復の運転本数では利用することも出来ず、1日1キロ当たりの利用客は123人といわれる。この数字では廃止は致し方がないところか。

白糠線下り列車　キハ40形　*1981 6. 6*　白糠線　上茶路〜下北進

白糠線延伸区間を行く北進行き533Dを担うキハ40 218。1981年4月6日に釧路機関区に落成配置されたこの車両は、新製後ちょうど2ヵ

で網走川を2度渡る。写真は第一網走川橋梁を行く下り列車。橋を渡るとS字カーブになっているのは、地形との関係というよりも、距離を長く取ることにより勾配を緩やかな数字に抑えるのがねらいだった。相生線では1979年12月まで貨物列車が運転されており、1974年度まで北見機関区の9600形蒸気機関車が牽引していた関係で、北見相生駅には給水塔や転車台の施設が残されていた。

相生線下り列車　キハ22形　*1981 6. 8*　相生線　活汲付近

群生する手前のシラカバの木と広大な野菜畑、そして、低く連なる山々。見渡す限りの青空。広大でのどかな景色の中を1両の列車が、生命を吹き込んでいる。この津別町活汲地区のシラカバは古くから自生しており、ひしゃくの材料に使われたといわれる。

相生線には上美幌・活汲・津別・温根・本岐・布川・北見相生の普通駅7ヶ所のほか、『時刻表』に掲載のない仮乗降場が6ヵ所設置されていた。これらの"駅"には"朝礼台"と揶揄される長さ5m、奥行き1.5mほどの板づくりの簡素なホームが設けられ、乗降客がいない場合は列車が通過していった。上美幌～活汲間の豊幌仮乗降場もその一つで、モータリゼーションが発達していない時代には、地域で重宝にされていた。仮乗降場にはキロ程が設けられていないので、下車する場合はその先の普通駅までの運賃を支払う必要があった。

相生線上り列車　キハ22形　*1981 6.8*　相生線　温根付近

丸屋根と傾斜のきついトタン屋根のある建物と広い牧草地の中を、ゆったりしたスピードで走る相生線列車。遠くの山々の姿といい、まさしく北海道らしい風景で、1両のキハ22形も見事にその中に溶けこんでいる。撮影当時の相生線気動車は北見機関区の受持ちで、車両形式はキハ22形だけだった。塗装はクリーム色と朱色4号の2色塗りから、首都圏色といわれるややピンクがかった朱色5号に塗りかえられていた時期なので、両方の色の車両に出会うことができた。

相生線下り列車　キハ22形　1981 6. 7　相生線　豊幌仮乗降場

相生線上り列車　キハ22形　1981 6. 7　相生線　北見相生～布川

ホームに乗客の姿がない布川駅に到着するキハ22単行の美幌方面行き普通列車。相生線の中間駅は交換設備のある津別以外は棒線構造で、この布川は、戦後の1947年2月に仮乗降場として営業を開始し、相生線の気動車化全面実施の1956年9月20日に一般駅に昇格する。短いホームの無人駅も小振りながら駅舎があり、きちんと手入れされているようだ。駅付近の農場ではトラクターで耕起中。8月頃には馬鈴薯の花が咲き誇るのだろう。

相生線下り列車　キハ22形　*1981 6. 7*　相生線　温根〜本岐

本岐駅に近づく相生線北見相生行き列車。写真撮影当時の本岐駅は棒線構造の駅だが、貨物列車が運転されていた頃は2面2線の構造で、貯木場に置かれた木材が貨車に積み込まれ、美幌や北見を目指していった。貨物列車廃止後も設備はそのままなので、トラック輸送に切り替えられているのだろう。本岐駅周辺にはまとまった数の建物や民家があり、相生線所属の駅では津別に次いで利用客が多かった。

美幸線上り列車　キハ22形　*1981 6. 13*

美幸線のキロポスト14地点を行くキハ22形単行の上り美深行き列車。キロポストから辺渓〜仁宇布間であることが特定できる。この両駅間の距離は14.9kmに及ぶ。　北海道の単線区間でこれだけの駅間距離があれば、幹線なら信号場が、ローカル線なら仮乗降場が設けられるところだが、つまるところ線路付近には人家が存在しないのだろう。しかし、山あいを走る辺渓〜仁宇布間の景色は変化に富んでおり、夏場は乗客を飽きさせることがなかったといわれる。

美幸線上り列車　キハ22形　*1981 4.19*　美幸線　仁宇布〜辺渓

美幸線の辺渓〜仁宇布間は、北見山地の入布山と高広山の谷間をベンケニウプ川に沿って一方的に登る線形のため、最急勾配は16.7‰であっても、馬力が小さいキハ22形の下り列車は喘ぐように登る。逆に写真の上り列車は、軽やかに勾配を下っていく。そのせいか、

美幸線列車の美深〜仁宇布間到達時分は下り（仁宇布行き）が30分に対し、上り（美深行き）が26分である。上り列車の表定速度となると48.9km/hで、へたなローカル急行並みである。豪雪地帯のこの区間は4月中旬といえど冬景色だが、線路横のタンポポがかすかに春の息吹を伝えている。

美幸線上り列車　キハ22形　*1981. 4.16*　美幸線　辺渓～東美深

美深から名寄盆地の平坦区間をひた走ってきた美幸線は、この東美幌～辺渓間からは車窓に北見山地の山々が近づく。夏場では車窓から水田風景が姿を消し、ジャガイモ畑に変わるのもこのあたりからである。北海道では、気候との関係で本線系路線でも、水田風景が見られるのは宗谷本線が美深、石北本線が北見、根室本線が池田付近が北限のようである。

美幸線下り列車　キハ22形　*1981. 4.19*　美幸線　辺渓

辺渓駅に到着する下り仁宇布行き列車。美幸線の中間駅は東美深とこの辺渓の2ヵ所だけだが、両駅とも棒線構造で、駅舎を持たない簡易構造の普通駅である。この辺渓駅にはホーム上に待合室が設けられ、駅としての体裁を整えている。駅周辺は標高79mの美深から、さらに標高が高くなったせいか、まだ多くの雪が残っている。この付近は住宅が数件点在するだけの過疎地で、これは東美深駅周辺も変わらない。

美幸線上り列車　キハ22形　*1981. 4. 19*　美幸線　仁宇布〜辺渓

美幸線の終点仁宇布駅周辺の標高は271mで、美深駅よりも200m近くも高い。地理的にも内陸部に位置するため道内でも指折りの寒冷地であり、豪雪地帯でもある。当然ながら冬季は除雪車が運転される機会も多く、そうした支出も営業係数を上げているわけである。

写真は4月中旬とは思えないような雪のカーペットの中を行く上り美深行き列車。当時の美幸線には並行するバス路線が設けられていなかったので、保線係の人たちは1日1kmあたり82人という全国最少の利用客数など関係なく、列車運転の確保に最善をつくしていたのである。

渚滑線

　名寄本線（当時）の渚滑で分岐し、渚滑川沿いに北見滝ノ上までを結ぶ延長34.3kmの渚滑線は、沿線の木材輸送を目的に1923年11月5日に全通した簡易線規格の路線である。これらの数字はほぼ同時期に開業した相生線と酷似しており、当時は両線とも旅客輸送は、蒸気機関車が木材を積んだ貨車群の中に1・2両の客車を連結する混合列車での運転だった。石北線がまだ新旭川〜上川間だけの開業なので、北見・網走から旭川・札幌方面へは名寄本線経由がメインの時代だった。渚滑線の開業時の駅は、下渚滑・中渚滑・上渚滑・滝ノ下と北見滝ノ上の5ヶ所だが、駅名の由来は下渚滑が渚滑川の下流、北見滝ノ上は付近にある滝の上側のように、字名の付けられた集落が見当たらない過疎地の象徴ともいえた。そうした渚滑線も、戦後の1955年12月にはレールバスのキハ02形が投入され、列車本数の増便と仮乗降場4ヶ所の設置が実施された。さらに、その後は芝ざくらで有名な滝上公園や駅名のルーツにもなっている洛陽の滝など、観光地の整備も行われたが、モータリゼーション到来の方が早かったのか、列車を利用する観光客はさほど多くなかったようだ。また、木材輸送もトラックへの移行により貨物輸送は1978年12月に廃止された。こうしたことや沿線の過疎化もあって渚滑線の利用客数が落ち込み、1981年6月には、特定地方交通線第一次廃止線区に指定を受け、1985年4月1日にバス転換された。

渚滑線下り列車　キハ22形2連　*1981. 4. 18*　渚滑線　上渚滑〜滝ノ下

キロポスト24.5地点を行く渚滑線北見滝ノ上行き普通列車。滝ノ下駅のキロ程が24.8kmなので、キロポストから写真の列車が進むすぐ先に滝ノ下駅があることが分かる。この付近は北緯44度の寒冷地だが、よく似た緯度数の美幸線仁宇布付近よりは低地にあるため、線路際はかなり雪解けが進み、野草も若い芽を出すなど道東にも遅い春の訪れを感じさせる。当時の渚滑線列車は1両または2両での運転だった。線内では上渚滑に交換設備があるが、列車本数が少ないせいか、行き違いは1日に2度行われるだけだった。

ワナなど豊富な魚に恵まれ、全国的にも名高い釣り場になっている。さらに駅名由来の洛陽の滝や名勝の錦仙峡、それにこの季節には北見滝ノ上駅舎正面の山肌が芝ざくらに埋め尽くされる滝上公園もあり、道内でも一大観光スポットになっている。しかし、訪れる人は周遊券利用客でもない限りはクルマを利用するので、渚滑線の収益には寄与しなかった。

渚滑線下り列車　キハ40+キハ22　*1981. 6.11*　渚滑線　下渚滑〜中渚滑

渚滑線は北海道のローカル線では、美幸線や白糠線、興浜北線のように雑誌等で取り上げられる機会が多くなく、地味な部類だが、"観

光路線"でもあり、風景は意外と変化に富んでいる。山岳風景の北見滝の上付近とは異なり、上り方の下渚滑～中渚滑間では牧場近くを走る。放牧されているのは北見牛といわれるホルスタインと、黒毛のオホーツク網走和牛だろうか。列車は牛や周りの緑と調和した色の2両編成だが、写真を見た限り旅客はまばらである。乗務員を含めた列車内の人数より牛の数の方が多いような気がする。

全国でもモータリゼーションの進展が早かった北海道では、特にローカル線の利用客は高校生などの生徒が主体だった。写真は棒線構造の中渚滑駅で、7:28発の紋別行き724Dに乗車する高校生。車両が古い方のキハ22を利用するのは、通学生の間で阿吽のうちに乗車する車両や、座る位置が決まっているのだろう。当時、1日1キロあたりの利用者が398人といわれる渚滑線では、渚滑〜北見滝ノ上間を直通する列車本数が下り7本・上り6本で、724Dも2両なので、全乗客の着席は保証されていたものと思われる。ラッシュという言葉のないローカル線では、朝夕は快適通勤（通学）である。

渚滑線上り列車　キハ40＋キハ22　*1981. 6.11*　渚滑線　北見滝ノ上

構内に芝ざくらも咲く北見滝ノ上で発車を待つキハ40形の普通列車。撮影当時の渚滑線は貨物営業を終えていたが、広い構内には1面1線の旅客ホームのほか、貨物ホーム、車庫や給水塔への引き込み線など、終着駅にふさわしい線路や設備は残されていた。ただし、転車台は蒸気機関車運転終了後の1980年頃に撤去されたようだ。この北見滝ノ上駅は1985年4月の渚滑線廃止後も、駅舎を利用して北見滝ノ上駅記念館として残され、現在も資料の展示が行われている。

設されたのは、天北線がかつては宗谷本線の一部という歴史的な経緯もあるが、それよりも同区間の宗谷本線と天北線は沿線に稚内以外に都市がなく、沿線人口も似通っているので、天北線沿線の町村にも札幌直通の便宜を図ったのが理由とされる。天北線に急行登場以来20年間にわたって活躍を続けてきたキハ56系も、写真では判りにくいが、経年から車両の老朽化が目立ち始めている。

興浜南線

　名寄本線の興部から分岐し、オホーツク海に沿って北上する興浜南線は、線名が示すように興部と北見線（のちの天北線）の浜頓別を結ぶ鉄道として1933年に着工。第一期工事の興部〜雄武間19.9kmが1935年9月15日に開業。沿線には漁業や林業といった産業はあるが、過疎地なので客貨とも大した輸送量が見込まれなかった。そのため、線路規格は簡易線とされ、当初は名寄機関区雄武駐泊所のC12形蒸気機関車が牽く混合列車4往復が運転されていた。開業当初の途中駅は沢木だけで、それも貨物用に側線を有するもののホームは1面1線なので、途中駅での交換はなかった。興浜南線は元来から輸送量が少ないことで、戦中・戦後の1944年11月から翌1945年12月にかけては、不要不急路線とされ、営業が休止される。しかし、戦争末期で剥がされたレールが供出される前に終戦を迎えたため、営業再開が早かったのは幸いだった。戦後の興浜南線は道東のローカル線経営改善の一環として、1955年12月から1956年9月にかけてレールバス・キハ02形導入による客貨分離と、仮乗降所の設置や栄丘仮乗降所の普通駅格上げが行われる。1960年代には未開業の雄武〜北見枝幸間の建設工事が進められ、路盤工事もかなりの距離で完成したが、その頃には国道整備とモータリゼーション進展により客貨とも輸送量が減少しており、レール敷設や駅設備の建設は凍結されてしまった。それどころか、国鉄再建法により1981年6月に特定地方交通線第一次廃止線区の指定を受け、1985年7月15日にバス転換される。航空写真を見るだけではほぼ完成している天北線〜興浜線〜名寄本線〜湧網線経由の"オホーツク海岸線開業"の夢も幻となった。

名寄本線・興浜南線下り列車　キハ22形など　1981. 6.11　名寄本線・興浜南線　興部

朝の興部駅に停車する3本の列車。左側①番線はキハ22＋キハ40からなる7:28発の名寄発遠軽行き621D。中央の島式ホーム②番線には、7:14に到着し、そのまま8:04に興浜南線雄武に折り返すキハ22単行の823D。そして、右の島式ホーム③番線で構えるキハ56系3両編成は、名寄本線の看板列車でもある7:22の遠軽発名寄本線経由の札幌行き4602D急行「紋別」である。急行列車や通勤・通学列車がすべてのホームを埋める7:21から7:22までの1分間は、まさに興部駅のゴールデンタイムといえよう。写真で見る限りでは興部駅は本線駅としての使命を十分に果たしている。

単行運転なので、貨物列車はすごく立派に見える。 ふつう簡易線の機関車といえば、蒸気機関車はC12かC56、ディーゼル機関車はDD16と相場が決まっているが、1960年以降の北海道では蒸機は9600、ディーゼルはDE10が牽引していた。興浜南線の貨物列車は、ヤード系貨物が全廃される1984年2月改正で運命を共にした。

興浜南線下り列車　キハ22形　1981. 4.18　興浜南線　興部〜沢木

沢木付近の尾西沼橋梁を行く下り雄武行き列車。興浜南線沿線からのオホーツク海の眺望はすばらしく、見飽きることがない。国鉄再建法の話が出るまでは、オホーツク海岸線は建設予定線として社会科の地図帳にも載っていたので、全通の暁には網走〜稚内間を結ぶ急行で旅をしたいと思った人は、鉄道ファンならずともいたことだろう。もちろん、レンタカーを利用すればそうした"夢"は容易に叶うが、鉄道旅は運転に神経を使わなくてもすむことが最大の魅力でもある。

簡素な造りの栄丘駅を発車した上り興部行き列車。興浜南線は起点の興部を除いては雄武町に属するが、同町は網走支庁（現オホーツク総合振興局）の最北端に位置するため、冬の寒さが厳しく特に山間部は豪雪地帯になる。また風も強いため、線路には吹きだめ式の防雪柵が設置されている。興浜南線は営業係数が1000をはるかに超える赤字ローカル線だが、沿線住民にとっては大切な公共交通機関であるため、インフラを守る努力がなされているのである。

興浜南線上り列車　キハ22形　*1981. 4.19*　興浜南線　沢木〜興部

160ページと同じ興部〜沢木間で翌日に撮影された写真だが、前夜には雪が降ったため景色は一転して荒涼たるものになっている。空も雲が覆っているが、冬が間近い11月頃のようなどんよりした厚さはない。興浜南線のキハ22形1両だけの列車は乗客の多少にかかわらず、マイペースの走りを続ける。ワンマン運転が実施されていないので、車掌と地元の乗客は顔見知りで、車内には人の温かみがあった時代だった。

興浜南線上り列車　キハ22形　*1981. 4.19*　興浜南線　栄丘〜沢木

興浜南線下り列車　キハ22形　*1981. 6.11*　興浜南線　雄武

興浜南線上り列車　キハ22形　*1981. 6.1*　興浜南線　雄武

雄武駅には、戦前は小規模な車両基地（駐泊所）が設けられていたこともあって、広い構内を有していた。写真左手の線路は興浜南線と興浜北線とが結ばれておれば、そのまま営業路線として北見枝幸まで延びていたのだろう。興浜南線では戦前から戦後の1950年代半ばまではC12、以後は9600が入線していた関係で転車台が設けられていたが、1974年度からはDE10に置き換えられたため、無用の長物と化していた。興浜南線列車は雄武駅では一部を除いては、ゆっくり休憩してから興部へ戻っていくので、乗り潰し目的での利用でも、駅構内の写真などは落ち着いて撮影することができた。

興浜北線上り列車　キハ22形　*1981. 6. 9*　興浜北線　豊牛～浜頓別

北見山地を背に、頓別台地を行くキハ22単行の興浜北線の浜頓別行き。望遠レンズでも後方にある牧場の建物が遠くに見えるほど広い台地は静寂としており、時折やってくる列車のカタカタカタと響く音が生命の息吹を伝える。キハ22形が興浜北線に入線してから早15年。当時は閑散ローカル線の車両には勿体ないほどの、デラックス感が漂う車両だった。

興浜北線上り列車　キハ22形　*1981. 6. 9*　興浜北線　豊牛～浜頓別

北見枝幸発12:37の926Dが40分余りの旅程ののち、左手に天北線の線路を見ながら、終点浜頓別の構内に近づく。そして、13:21に同駅①番線に到着後、150ページの写真のように②番線に入ってくる13:27発の稚内発札幌行き302D急行「天北」に接続する。926Dの車内には「天北」に乗りついて旭川・札幌まで行く旅客もいることだろう。その意味では、興浜北線の列車の中でも、この926Dは通勤・通学時間帯を除いては最重要列車といえた。

興浜北線下り貨物列車　DE10形　*1981. 6. 10*　興浜北線　浜頓別〜豊牛

興浜北線上り列車　キハ22形　*1981. 6. 10*　興浜北線　目梨泊〜斜内

斜内山の岩肌を斜内山道に挑む北見枝幸発浜頓別行き列車。線路脇にはクマザサが覆う険しい地形だ。列車はこれから北見神威岬の海岸を半周する。岬の根元にトンネルを掘って直線で斜内駅に進まなかったのは、技術面よりも予算の節約が理由と思われる。

撮影当時の興浜北線では、6往復の旅客列車のほか貨物列車1往復が設定されていた。閑散ローカル線としては異例と思われるほどの長い編成である。興浜北線で貨物扱いを行う駅は起終点の浜頓別と北見枝幸だけで、北見枝幸発送貨物は林産業品と、肥料用の魚かすを主体とする水産業品だが、この日の有蓋貨車ばかりで、木材輸送用の無蓋貨車の連結がないのが不思議なくらいだ。枝幸港は漁獲量も多いが、上り貨物列車はダイヤとの関係で浜頓別では1日寝かされるので、鮮魚輸送はトラックに奪われていたようである。

興浜北線下り列車　キハ22形　1981.6.9　興浜北線　問牧〜北見枝幸

オホーツク海と枝幸町の住宅地を眺めながら終点・北見枝幸を目指す興浜北線下り列車。枝幸町は沿岸漁業や水産加工、林業・酪農が盛んで、写真撮影当時の人口は1万人を超えていた。町名が枝幸なのに駅名が北見枝幸とされたのは、北海道では同音名の江差町があり、駅の開業もほぼ同時期（枝幸は1936年7月10日、江差は1936年11月10日）なので、枝幸側が譲って旧国名の北見の冠称を付けたといわれる。興浜北線では起点の浜頓別町も6000人以上の人口を抱えていたので、両町を結ぶ鉄道としては、終日単行運転はさびしいが、沿線のクルマ移行がそれだけ顕著だったのだ。

興浜北線上り列車　キハ22形　*1981. 4.17*　興浜北線　目梨泊～斜内

斜内漁港から岩峰の北見神威岬を望む。目梨泊から神威岬の海岸を忠実に回るように走ってきた1両だけの浜頓別行き列車が間もなく斜内駅に到着する。見るからに険しい斜内山の威容からすると、列車は何ともちっぽけに映るが、朱の車体色で存在感を出している。この辺りは冬場は海が流氷で覆われるが、そうした風景も車窓から眺めてみたいものだった。

興浜北線上り列車　キハ22形　*1981. 6.10*　頓別仮乗降場（豊牛～浜頓別）

地平線が見えそうな荒涼とした頓別原野を行く上り浜頓別行き列車を後追いで撮影した作品。この踏切で交差する未舗装の道路は、冬場は除雪をしないため吹き溜まりとなり、踏切部分はレール間の板が剥がされ通行止めとなる。こうした踏切は北海道のローカル線ではよく見られた。ところで、「頓別」の名が付く普通駅は、天北線に浜頓別のほか、小頓別・上頓別・中頓別・下頓別の5ヶ所あり、うち浜頓別と小頓別・中頓別は急行停車駅である。本来ならその中心駅であるはずの頓別が、戦後に設けられた仮乗降場とは、これ如何に。

興浜北線下り貨物列車　DE10形　*1981. 6.10*　斜内〜目梨泊

斜内〜目梨泊間には、北見山地北部に位置する斜内山の岩肌がそのまま海に突っ込む北見神威岬があり、興浜北線はその"難所"をトンネルで抜けるのではなく、並走する小径(斜内山道)と同様に海岸線に沿った段壁にへばりつくように走る。この斜内山道と灯台やオホーツク海を組み合わせた風景が興浜北線のハイライトで、1両だけのキハ22形やキハ02形レールバスを撮影した写真はよく発表されている。しかし、DE10が牽く貨物列車の写真となると、意外と珍しい。

興浜北線下り貨物列車　DE10形　*1981. 4.17*　興浜北線　北見枝幸

北見枝幸駅は1面1線の旅客ホームのほか、旅客ホームを切り欠いた貨物用ホームと1線、それに2本の側線を有していた。写真は北見枝幸駅に到着したDE101696牽引の下り貨物列車が入換中のスナップ。木材を積んだトラ30000などを、旅客ホームに留置中の貨車と連結し、上り列車として組成するのだろう。駅員も3人が作業や監視に当たっている。これらの線路の手前側の路盤は、興浜線と美幸線未成区間の高架橋近くまで延びており、線路を敷けば列車が走れる状態にまでなっていた。

興浜北線下り列車　キハ22形　*1981.4.16*　興浜北線　斜内〜目梨泊

北見神威岬を行く列車を真横から撮影した作品。興浜北線が斜内〜目梨泊を斜内山道の海岸部分で高所を通過するため、勾配が避けられないが、できる限り等高線に沿うことで最大勾配を18‰に抑えている。先人たちは鉄道の難所を克服するため、その時代時代の技術を駆使し、工夫を凝らしてきたのだ。戦後国鉄の経営が健全で"再建法"など公布されていなければ、オホーツク海岸線の景勝地として脚光を浴びた区間だが、モータリゼーション進展の前には、遠い過去の夢となってしまった。

興浜北線の絶景区間は北見神威岬の灯台付近が有名だったが、目梨泊から問牧にかけての海岸も岩礁が続き、車窓からの眺めを楽しいものにしてくれた。北緯45度を越える道北は、海岸部分とはいえ4月になっても根雪が残る。海の向こうにはこのキハ22形単行列車が向かう枝幸の街が見える。

興浜北線上り貨物列車　DE10形　*1981. 4.17*　興浜北線　目梨泊〜斜内

斜内山道の段壁区間を行く上り貨物列車。幸浜北線では蒸気機関車の終焉が間近い1975年5月まで9600形が貨物列車の牽引を担当したが、以後はDE10に交替した。ボンネットの長さが左右で異なるDE10は長い方が先頭なら下り列車だが、こちらは浜頓別行きの上りである。鉄道よりも一段下を走るのは国道238号。こちらも北見神威岬を一直線に抜ける北オホーツクトンネルの開通で現在は道道に格下げされ、もっぱら地元民や観光客の遊歩道として利用されている。鉄道の跡となると、どうなっていることやら。

興浜北線下り列車　キハ22形　*1981. 4.16*　興浜北線　目梨泊〜問牧

興浜北線上り列車　キハ22形　*1981. 4.17*　興浜北線　北見枝幸～問牧

北見枝幸を発車した浜頓別行き上り列車は枝幸の市街地を過ぎると、根雪が残るポロヌプリ山麓の人ひとり見当たらぬ台地を進む。本書では、国鉄再建法公布で廃止が決定した路線も多く取り上げた。北海道では普通列車の体質改善用にキハ40形が1977年から投入されたが、相生・美幸・興浜南・興浜北の4路線では同形式の写真が掲載されていないばかりか、気動車はキハ22形の写真ばかりである。これは、1981年中に撮影されたこともあるが、当時該当路線の車両を担当する北見・名寄・遠軽・稚内の各機関区には、キハ40形が未配置だったことが理由である。もっとも、キハ22形をキハ21形を酷寒地の北海道向けに耐寒・耐雪工事を強化し、優等列車としても使用できるようにしたことで、大好評で迎えられたことを書き添えておこう。

興浜北線上り列車　キハ22形　*1981. 4.17*　興浜北線　問牧

興浜北線下り列車　キハ22形　*1981.4.16*　興浜北線　目梨泊～問牧

　キハ22単行の下り列車が、先ほど走ってきた斜内山裾の北見神威岬をバックにオホーツク海岸を北見枝幸へ急ぐ。国鉄再建法により廃止され、線路が剥がされてしまった路線は北海道だけで22に及ぶ。これらの路線の利用客数は大都市圏の幹線路線に比べれば微々たるものだが、廃止路線の利用客には幹線区間に直通する旅客もいたはずなので、幹線区間の利用減にもつながるという負の連鎖が発生しているのが心配である。鉄道ファンの中には「廃止された路線で、もし復活してもらえるのなら」という問いで、幸浜北線を1位に挙げた人が少なくなかったという。北見神威岬の風景やオホーツク海の流氷の絶景などが評価されているのだろう。しかし、一度廃止された鉄道は戻って来ない。現在運転されている鉄道（列車）にできるかぎり乗車し、自分で"旅の楽しさ"を発見していくのが、ファンとして大切なことではないかと思う。

　北緯45度線上に近い無人の問牧駅に停車の浜頓別行き922Dに乗車する通勤・通学客。問牧は下り方からは北見枝幸の次駅だが、高校生たちは20km以上離れた学校に通うのだろう。運転助士席側から旅客の乗車を見守る乗務員は車掌ではなく、運転士である。興浜北線の途中駅は開業時から旅客ホームはすべて1面1線の構造とされている。列車が片道約45分の当時でも、列車間隔を1時間30分以内に縮めることは不可能だが、沿線の人口からはこのダイヤで十分だったのだろう。

【著者プロフィール】

諸河 久（もろかわ ひさし）

1947年東京都生まれ。日本大学経済学部、東京写真専門学院（現・東京ビジュアルアーツ）卒業。

鉄道雑誌社のスタッフを経て、フリーカメラマンに。

「諸河 久フォト・オフィス」を主宰。国内外の鉄道写真を雑誌、単行本に発表。

「鉄道ファン／CANON鉄道写真コンクール」「2021年 小田急ロマンスカーカレンダー」などの審査員を歴任。

公益社団法人・日本写真家協会会員 桜門鉄遊会代表幹事

著書に「オリエント・エクスプレス」（保育社）、「都電の消えた街」（大正出版）、「総天然色のタイムマシーン」（ネコ・パブリッシング）、「モノクロームの国鉄蒸機 形式写真館」・「モノクロームの国鉄情景」（イカロス出版）、「モノクロームの私鉄原風景」（交通新聞社）、「路面電車がみつめた50年」（天夢人）、「EF58最後に輝いた記録」・「1970年代〜80年代の鉄道 国鉄列車の記録 東日本編」（フォト・パブリッシング）など多数がある。2023年5月にイカロス出版から「モノクロームで綴る昭和の鉄道風景」を上梓している。

【解説者プロフィール】

寺本光照（てらもと みつてる）

1950年大阪府生まれ。甲南大学法学部卒業。小学校教諭・放課後クラブ指導員・高齢者大学校講師を経て、現在はフリーの鉄道研究家・鉄道作家として著述活動に専念。

鉄道友の会会員。

著書に「明治〜現在 鉄道地図をくらべて楽しむ地図帳」（山川出版社）、「これでいいのか夜行列車」（中央書院）、「新幹線発達史」「国鉄・JR関西圏近郊電車発達史」「国鉄・JR悲運の車両たち」（JTBパブリッシング）、「ブルートレイン大全」「国鉄遺産 名車両100選」（洋泉社）、「JR特急の四半世紀」「国鉄・JRディーゼル特急全史」「列車名大事典 増補改訂版」（イカロス出版）、「153系電車が走った東海道電車急行」（フォト・パブリッシング）など多数がある。

【掲載作品選定・ページ構成】 寺師新一

【掲載作品CMYKデータ　デジタルリマスター】 諸河 久

【路線解説・掲載写真キャプション】 寺本光照

【編集協力】 田谷惠一

1970年代〜80年代の鉄道 第2巻
国鉄列車の記録
【北海道編】

2023年9月8日　第1刷発行

著　者……………諸河 久（写真）・寺本光照（解説）

発行人……………高山和彦

発行所……………株式会社フォト・パブリッシング

　　　　　　　　〒161-0032　東京都新宿区中落合2-12-26

　　　　　　　　TEL.03-6914-0121 FAX.03-5955-8101

発売元……………株式会社メディアパル（共同出版者・流通責任者）

　　　　　　　　〒162-8710　東京都新宿区東五軒町6-24

　　　　　　　　TEL.03-5261-1171 FAX.03-3235-4645

デザイン・DTP ………柏倉栄治（装丁・本文とも）

印刷所……………サンケイ総合印刷株式会社

ISBN978-4-8021-3416-3 C0026